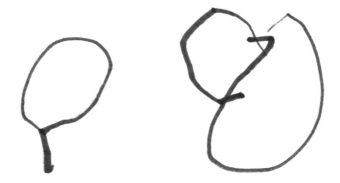

EL VELOCIRRAPTOR

por Harold T. Rober

EDICIONES LERNER ◆ MINNEAPOLIS

Nota para los educadores:

En todo este libro, usted encontrará preguntas de reflexión crítica. Estas pueden usarse para involucrar a los jóvenes lectores a pensar de forma crítica sobre un tema y a usar el texto y las fotos para ello.

ediciones Lerner
Una división de Lerner Publishing Group, Inc.
241 First Avenue North
Mineápolis, MN 55401, EE. UU.

Si desea averiguar acerca de niveles de lectura y para obtener más información, favor consultar este título en www.lernerbooks.com

Library of Congress Cataloging-in-Publication Data

The Cataloging-in-Publication Data for *El velocirraptor* is on file at the Library of Congress.
ISBN 978-1-5124-4115-4 (lib. bdg.)
ISBN 978-1-5124-5373-7 (pbk.)
ISBN 978-1-5124-4965-5 (EB pdf)

Fabricado en los Estados Unidos de América
1 — CG — 7/15/17

LERNER
SOURCE

Expand learning beyond the printed book. Download free, complementary educational resources for this book from our website, www.lerneresource.com.

Tabla de contenido

El velocirraptor corría

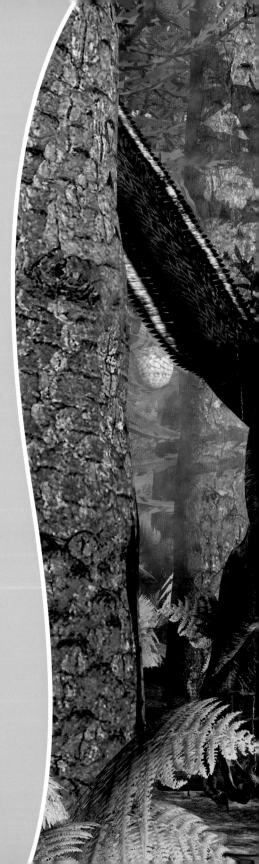

El velocirraptor fue un tipo

de dinosaurio.

Vivió hace millones de años.

Está extinto.

El velocirraptor era pequeño.

Era del tamaño de un pavo.

El velocirraptor era rápido.

Corría sobre sus dos patas.

Perseguía animales

pequeños.

¿Por qué piensas que el velocirraptor perseguía animales pequeños?

El velocirraptor tenía una garra afilada

en cada pata.

Usaba estas garras para agarrar

a su presa.

La boca del velocirraptor
estaba llena de
dientes afilados.
Estos dientes le daban
mordiscos a la presa.

El velocirraptor tenía una cola larga.

La cola le ayudaba a equilibrarse.

El velocirraptor tenía plumas.

Pero no podía volar.

Sus brazos eran demasiado cortos.

¿Por qué es difícil volar con brazos cortos?

Las plumas probablemente ayudaban al velocirraptor a mantenerse calientito. Probablemente le ayudaban a correr más rápidamente.

Los velocirraptors construían nidos.

Ponían sus huevos ahí.

¿Qué otros animales construyen nidos y ponen huevos?

21

Partes de un velocirraptor

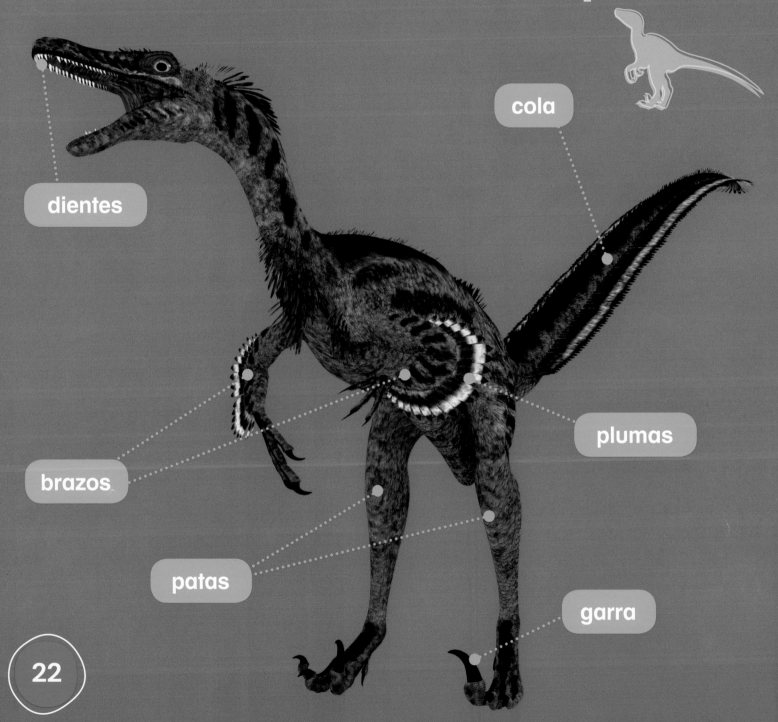

dientes

cola

brazos

plumas

patas

garra

Glosario de las fotografías

equilibrarse

mantenerse recto y sin caerse

extinto

que ya no vive

garra

una uña dura y afilada

presa

un animal que es cazado por otro animal

23

Leer más

Gray, Susan H. *Velociraptor*. Mankato, MN: Child's World, 2015.

Rober, Harold T. *Pterodactyl*. Minneapolis: Lerner Publications, 2017.

Silverman, Buffy. *Can You Tell a Velociraptor from a Deinonychus?* Minneapolis: Lerner Publications, 2014.

Índice

Crédito fotográfico

Las fotografías en este libro se han usado con la autorización de: © Elenarts/Shutterstock.com, pp. 4–5, 18–19, 23 (esquina superior derecha); © Stocktrek Images/SuperStock, pp. 6, 8–9, 14, 23 (esquina superior izquierda), 23 (esquina inferior derecha); © danefromspain/iStock.com, pp. 10, 23 (esquina inferior izquierda); © Mark Weich/iStock.com, pp. 12–13; © Catmando/Shutterstock.com, pp. 16–17, 22; © wonderlandstock/Alamy Stock Photo, p. 20.

Portada: © Naz-3D/Shutterstock.com.